COPIE de la Lettre écrite à la citoyenne ROLLAND, par le citoyen TOBIEZEN DUBY.

Paris, l'an premier de la République,
Vendredi, 28 Septembre.

CITOYENNE,

JOLY, garde des Estampes de la Bibliothèque nationale, est au moment de perdre sa place par un juste châtiment de son aristocratie. Cette place m'appartient de droit; mais le citoyen Bounieu est, dit-on, désigné pour l'occuper. Je réclame votre justice.

Je suis orphelin. Mon père, blessé à Fontenoy, a été interprête de la bibliothèque nationale, pendant 33 ans. Moi, je travaille dans cette maison depuis près de neuf ans. Je suis marié ; mais je n'ai pour tout bien que 300 l. de rente et mon emploi de 800 l. Je cultive les lettres depuis mon enfance, et je suis le continuateur et l'éditeur de plusieurs ouvrages

A

considérables et nationaux, dont le citoyen Wisse est libraire. Enfin, je suis patriote avant le 10 : Brissot le sait, et son journal du 7 juillet en contient une preuve. Citoyenne, avec ces titres, mériterois - je le passe - droit dont je suis menacé?

Bounieu n'est âgé que de 48 ans. J'ai donc 30 ans encore à me sentir privé d'une place dont mon activité prématurée, ainsi que mon patriotisme, me rendoit digne de bonne heure. Bounieu, homme de mérite d'ailleurs, ne sera pas de long-tems au courant des détails immenses du cabinet. Tout le travail pésera donc sur moi seul. Bounieu est infortuné; mais ce motif ne justifie pas une injustice. L'instruction publique va s'organiser, et Bounieu pourroit facilement y trouver de l'emploi, sans déplacer un bon citoyen.

Vertueuse citoyenne, j'entre, si vous insistez, dans vos vues de bienfaisance : que Bounieu soit garde du Cabinet des Estampes; mais donnez-moi le titre de garde en second. Bounieu a 2,400 liv. de traitement ; accordez-m'en 2,000 liv., ou ayons tous deux un traitement égal, et faites-nous assigner a chacun un petit logement à la bibliothèque nationale, où la plupart de mes confrères sont logés.

3

Citoyenne , en adoptant cette décision , vous rendrez justice à un ardent patriote qui adore sa patrie , et qui mourra en défendant la République.

Signé TOBIEZEN DUBY.

P. S. Permettez-moi de vous saluer demain à une heure, accompagné du brave Gombard.